Todos los libros de Linkgua Ediciones cuentan con modelos de Inteligencia Artificial entrenados por hispanistas. Pregúntale al chat de tu libro lo que desees acerca de la obra o su autor/a.

Para ebooks: Accede a nuestro modelo de IA a través de este enlace.

Para libros impresos: Escanea el código QR de la portada con tu dispositivo móvil.

Obtén análisis detallados de nuestros libros, resúmenes, respuestas a tus preguntas y accede a nuestras ediciones críticas generativas para una experiencia de lectura más enriquecedora.
La transparencia y el respeto hacia la autoría de las fuentes utilizadas son distintivos básicos de nuestro proyecto. Por ello, las respuestas ofrecen, mediante un sistema de citas, las fuentes con las que han sido elaboradas.

Gonzalo de Berceo

Loores de nuestra Sennora

Barcelona 2024
Linkgua-ediciones.com

Créditos

Título original: Loores de nuestra Sennora.

© 2024, Red ediciones S.L.

e-mail: info@linkgua.com

Diseño de cubierta: Michel Mallard.

ISBN rústica: 978-84-9816-246-2.
ISBN ebook: 978-84-9897-818-6.

Sumario

Brevísima presentación

La vida

Gonzalo de Berceo (Berceo, Logroño, 1195-d. 1264). España.

Pertenece a la tradición literaria llamada «mester de clerecía», integrada por eclesiásticos y hombres de letras. Se educó en el monasterio de San Millán de la Cogolla (La Rioja), en el que ofició como clérigo secular, y fue más tarde diácono (c. 1120) y presbítero (c. 1237).

Loores de nuestra sennora

1. A ti me encomiendo Virgo. Madre de piedat,
Que conçebiste del Spiritu Sancto, e esto es verdat,
Pariste fijo preçioso en tu entegredat,
Serviendo tu esposo con toda lealtat.

2. En tu loor, sennora, querria entender,
De las tus largas faldas una fimbria tanner:
Ca non me siento digno ante ti paresçer,
Maguer la tu feduza non la puedo perder.

3. En tu feduza, madre, de ti quiero dezir
Commo vino el mundo Dios por ti redimir,
Tu me da bien empezar, tu me da bien a complir
Que pueda tu materia qual o commo seguir.

4. Quando engannó la syerpe los parientes primeros,
Et los sacó de seso con sermones arteros,
De ti se temieron luego los falsos lesongeros,
Mas non fueron del tiempo nin de la hora çerteros.
5. Patriarchas et profetas todos de ti dissieron,
Ca por Spiritu Sancto tu virtut entendieron:
Profeçias e signos todos por ti fiçieron
Que cobrarian por ti los que en Adan cayeron.

6. La mata que paresçio al pastor ençendida
Et remanesçió sana commo ante tan cumplida,
A ti significaba que non fuisti corrompida,
Nin de la firmedumbre del tu voto movida.

9

7. A ti cataba, madre, el signo del baston
Que partió la comanda que fue pora Aaron:
Fuste sin rayz e seco adusso criazon,
Et tu pariste Virgo sin toda lesión.

8. En ti se cumplió, sennora, el dicho de Isaya
Que de radiz de Iesse una verga saldria,
Et flor qual non fue vista dende se levantaria.
Spiritu Sancto con VII dones en la flor posaria.

9. Madre tu fuisti la verga, el tu fijo la flor,
Que resuçita los muertos con su suave odor,
Saludable por vista, vidable por sabor,
Pleno de los siete dones, solo dellos dador.

10. Tu fuiste la cambariella que dize el Psalmista,
Ende salió el esposo con la fermosa vista,
Gigante de grandes nuevas que fizo grant conquista,
Rey fue et obispo et sabidor legista.

11. La tu figura, madre, traie el velloçino
En qui nuevo miraglo por Gedeon avino:
En essi vino la pluvia, en ti el Rey divino:
Por vençer la batalla tu abriste el camino.

12. La puerta bien çerrada que diçe Ezechiel,
A ti significaba que siempre fuiste fiel:
Por ti passó sennero el sennor de Israel,
E desto es testigo el angel Gabriel.

13. Estos fueron et otros, madre, tus mesageros,
Muchos ovieron estos de tales companneros,

De todas gentes fueron, ca non unos senneros,
Todos en tu materia salieron verdaderos.

14. El tiempo del tu fijo todos lo esperaban,
Porque tardi venia mucho se aquexaban;
Mas mager seria tardi, que verria non dubdahan,
Avian grant alegria, maguera que lazraban.

15. Iacob et Daniel, y pusieron mojón,
Que perdrian los judios çeptro et unçion:
O gente çiega et sorda, dura de corazón!
Nin quiere creder la letra, nin atender razon.

16. Ieremias el noble que ninno se clamó,
Otro igual de aquesti ninguno non asmó:
A Iacob esti le fizo, commo a fijo le amó,
Pues ende vino en tierra, al siervo se conformó.

17. Desti fabló Moyses a aquella gente dura,
Profeta se levantará de la vuestra natura,
A quien debe obedeçer tras toda criatura:
Qui este profeta non oyer lazrará sin mesura.

18. Zacharias el padre que fue del precussor,
Quando cobró la lengua, fablo deste sennor:
Elisabet su fembra li fue otorgador,
De todo fue el fijo despues confirmador.

19. Grandes tiempos pasaron ante que esto fuese com-
plido
Mas la virtut de Dios nol echó en olvido,
El conseio de salut en çielo fue bastido,

Commo cobrase don Adam el bien que avia perdido.

20. Aquel tan gran secreto tul oviste a saber,
Por ende te fizo Dios de los reys nasçer,
Voto de castidat te plógo prometer,
Bien te curieste, madre, de non lo façer.

21. Gabriel fue imbiado, con la mensageria,
En la çibdat de Nazareth, a ti, sennora mia:
En tu çiella te trobó sin carnal compannia,
Dulçemente te saludó, dixote: Ave María.

22. Benedicta fuisti clamada et de graçia plena,
Conçebiste por virtut e pariste sin pena:
Por ti se fue afloxando la mortal cadena:
Por ti cobró su logar la oveja çentena.

23. El tu fruto benedicto Ihu Xpo fue clamado,
Et el regno de David a él fue otorgado:
El su poder non a fin, nin seria cantado:
Por él fue fecha la luz, e el mundo criado.

24. El mensage reçebiste con grant humildat,
Lo que dixo conçiste que era verdat,
La manera preguntesti de la prennedaㄥ:
El respondió e te dixo la çertenidat.

25. Nueve meses folgó en el tu sancto seno
Fasta que el tiempo de la pariçion veno:
Quando se llegó la hora e el cuento fue lleno,
Fijo pariste et padre sobre lecho de feno.

26. Sancto fue el tu parto, sancto lo que pariste,
Virgo fuiste ante del parto, virgo remaneçiste,
Pariendo, menos-cabo ninguno non prisiste:
El dicho de Isaya en eso lo compliste.

27. Fallieronte lugares, oviste grant angostura,
En pesebre de bestias posiste la criatura,
Abacuch lo dixera en la su scriptura,
Que contezria assi e ovo en pavura.

28. Madre, en tu parto nuevos signos cuntieron,
Pastores que velaban nuevas lumbres vidieron,
La verdat de la cosa nuevos cantos ovieron,
De gozo e de paz nuevos santos oyeron.

29. Otros signos cuntieron assaz de maraviella:
Olio manó de piedra, nasçio nueva estrella,
El tiempo fue destruto quando pario la punçella,
Paz fue por todo el mundo qual non fue ante de ella.

30. Siete dias passados, vino la luz octava,
Çircunçidesti el ninno commo la ley mandaba,
Tu façias el ministerio, mas elli lo guyaba,
Tu çevabas a elli, él a ti gobernaba.

31. Nueva estrella paresçio estonçe en oriente,
Balaam dixo della, maguer non fue creyente,
Sopieron que era signo del Rey omnipotente,
A buscarlo vinieron, trayeronli presente.

32. Tres dones li ofreçieron cada uno con su figura,
Oro, porque era Rey e de real natura,

A Dios daban ençienso que assi es derechura,
Mirra para condir la mortal carnadura.

33. Al quarenteno dia de la tu parizon
Offreçistelo en templo, reçibiol Simeon,
Mucho le plógo con elli, dioli la bendiçion,
Nunca fue offreçida tan rica oblaçion.

34. Madre, de aqueste passo profetó Malachias
Commo vernia al templo el amado Mesias;
Et tu commo sabias leyes e profecias,
Tu lo fuisti cumpliendo commo venian los dias.

35. Las nuevas desti Rey ibanse levantando,
Los reyes de Iudea ibanse apartando,
Non eran de natura, por ende se yban cuytando,
Maguer que se denueden regnará sivuelquando.

36. Herodes sobre todos fuerte-mente fue irado,
Temia perder el regno, por ende era quexado:
Asmó un mal conseio, vinoli del peccado,
El mal finó en elli quando fue bien denodado.

37. Por cayer sobre el ninno un coto malo puso,
Oue matassen los ninnos de dos annos ayuso:
Joseph se alzo con elli commo el angel lo empuso:
Rey de tal justiçia de Dios sea confuso!

38. Ouando los degollaban cada uno lo puede veer,
El planto de las madres quant grande podrie seer:
Commo dice Iheremias. que bien es de creer,
En Ramá fue oydo el planto de Rachel.

39. Quando entendió Hierodes que era engannado,
Los magos eran idos, el ninno escapado:
Dolores lo cubrieron, de muerte fue quexado,
Matósse con su mano, murió desperado.

40. Alli murió sennero commo mal traydor,
Luego te fizo el angel de la muerte sabidor,
Torneste de Egipto do eras morador,
Joseph te ministraba commo tal servidor.

41. En todas las façiendas, madre, mientes parabas,
De dichos nin de fechos nada non olbidabas,
En las humanas cosas al fijo ministrabas,
En las que son durables a él te acomendabas.

42. Quando fue de doçe annos, maguer ninno de
dias,
Ya iba voçeando las sus derechurias,
Concludia los maestros, solvia las profeçias,
Non osaban ante él deçir sobejanias.

43. Quando vino el tiempo de complida edat,
Reçibió el baptismo con grant humildat,
Non porque fuesse en elli ninguna suçiedat,
Mas que prisiese el agua de tal actoridat.

44. San Ioan el Baptista quandól vio venir,
Mostróle con su dedo et empezó de decir:
Aquel cordero debe el mundo redemir,
Lo que debia él dar, viene de mi a reçebir.

45. El baptismo passado, la quarentena tovo,
Temiase del diablo, en assecho li sovo,
Al quarenteno dia la carne fambre ovo,
Quando entendió la fambre, el diablo descróvo.

46. El diablo andaba por ferse dél seguro:
Mas lo que él buscaba paroseli en duro,
Assaz fizo ensayos, mas non falsó el muro,
Cuydo ser artero, probós por fadeduro.

47. Aquella temptaçion ovonos grant provecho,
Alli fuemos vengados del primero despecho,
Et malo fue vençido por el su mismo fecho,
Iba tu fijo, madre, abiendo su derecho.

48. Despues salió al mundo, fizose conoscer,
Del agua fizo vino, el pan fizo provesçer,
Castigaba el pueblo, oianlo volenter,
Bien sopo al mensage de Iohan responder.

49. Descojo sus vasallos de los de vil manera,
Non quiso de los altos o la soberbia era,
Mostrólis pater noster, metiolos en carrera,
Del perdon del xpiano liçençia dió larguera.

50. Mucho fezo et dixo, mas con todo lo al
Mandó çebar al pobre et render bien por mal:
Cambió el nombre a Simon et fizol maioral,
Non negó su tributo al sennor terrenal.

51. Delante tres de los suyos mostró su claredat,
Que creyesen commo era en él divinidat,

Testigos li vinieron omnes de poridat,
Peidro era un poco mas con gran piedat.

52. Oyó a la cananea, salvó la condempnada,
La que por adulterio de morir fue iuzgada:
La peccadriz devota non fue dél repoyada,
Resuçitó tres muertos con el de su posada.

53. Las sus grandes merçedes qui las podría contar?
Madre, serie follia en solo lo asmar:
Pavor me va tomando desti logar pasar,
Ca las falas del omne seran a porfazar.

54. El sesto dia ante que tomase la pasion
En la sancta çiudat entró con proçesion:
Los ninnos empos elli clamando salvaçion
Ivan prenunçiando la gran resurrecçion.

55. El dia de la Paschua caudal yba veniendo,
El preçio del tu fijo sobre todos subiendo,
Fuerte yba la invidia los sabios corrompiendo,
Fueron conseio malo commo malos prendiendo.

56. Çelebró la gent la Pascha, çenó con sus amigos,
Fizo decretos nuevos, destaio los antigos,
Los que tenia por hermanos, salieronle enemigos,
Cada unos quales fueron los fechos son testigos.

57. Estando a la çena fizo su testamiento,
En el pan, en el vino fizo grant sacramiento,
Pusonos de su muerte un fuerte remembramiento,
Desí labó los piedes, dió nuevo mandamiento.

58. Quando fue todo el misterio de la çena complido
La trayçion fue fecha, el pueblo fue movido:
Judas fue el cabdillo que lo avia vendido,
Al que mas li valiera que non fuesse nasçido.

59. Diolis un mal espanto a la hora del prender,
Porque la virtut podemos entender,
Que bien se podia dellos sin arma defender;
Mas quiso de su grado a la pasion render.

60. Solo que lis disso yo so el que buscades,
Amorteçidos caieron commo de golpes grandes:
Consintiolis en cabo complir sus voluntades,
Fueron manifestadas las malas poridades.

61. Jhesu Xpo fue preso quando e commo el quiso,
Judas fue de la vendida que fiçiera repiso,
Tornolis al conçejo los dineros que priso,
Enfogosse con su mano, e murió por mal riso.

62. El Sennor en todo esto fuerte-mente fue atado,
Fuyeron los disçipulos, ansi fue profetado,
El mal non mereçiendo, de muerte fue juzgado,
Membrol maguer de Peydro que lo avia negado.

63. Ataronli las manos, de azotes lo batieron,
De testimonios malos sobre él muchos pusieron,
A elli repoyaron, a Baraban pidieron,
Agora se lo veen que mal cambio fiçieron.

64. Pilato desti captivo fue mucho embargado,

Segun que él diçia, quitarse ya dél de grado,
Resçibieron los judios sobre si el peccado,
Non se prendran a las barbas nunca dessi mercado.

65. Alli falsó iustiçia, fundiose la verdat,
Ovieron el poder tuerto e falsedat,
Sobre él fiçieron todos los malos hermandat,
Por ende lloró ante él sobre la çibdat.

66. Viernes fue aquel día, siempre será nombrado,
En tal mesmo día fue Adan engannado,
Fue por salvar el mundo Thu Xpo cruçificado,
Çerca de él dos ladrones del un el otro lado.

67. Los oios ovo presos e la faz bien maiada,
La cabeza de espinas agudas coronada,
Por çeptro le dieron verga flaca e muy delgada,
Querrían quanto podiessen darli muerte desonrrada.

68. Non fueron por todo esto los malos entregados,
Ca aun sobre estaban nuestros graves peccados,
Parabanse delante los ynojos fincados,
Ave rex, li diçian desleales probados.

69. La su grant paçiencia callar non la debemos,
Ca toda su façienda por exiemplo la avemos,
Suffrió dichos e fechos por onde nos aprendemos
Commo él non refertó, que nos non refertemos.

70. Madre, la su dolor a ti mal quebrantaba,
El gladio del tu fijo la tu alma pasaba,
Lo que disso el vieio por verdat se probaba:

Tal madre por tal fijo qué mira sis quexaba.

71. Entre todas las cuytas a ti non olbidó,
El dicho de las bodas ay te lo recordó,
Al que elli mas amaba, a este te acomendó,
Bien fuste acomendada, mas él bien te guardó.

72. Estando en la cruz dixo que sed abia,
Nuestro bien deseaba, por esso lo deçia;
La compannuela falsa que çerca li sedia,
Diol beber tan amargo que peor non podría.

73. En todos los sus miembros quiso sofrir passion,
Si non irían los nuestros todos en perdiçion :
Sennor que por vasallos façe tal satifaçion,
Debria ser servido con grant devoçion.

74. La mas principal cosa aun es de deçir:
De lo que quiso, madre, el tu fijo sofrir
Por recobrar la vida e la muerte destruir:
Sobre todo lo al en cruz quiso morir.

75. Muy grande fue el duelo quando elli fue pasado,
El velo fue fendido e el Sol oscurado:
De mal fue quito Dimas, Gestas fue condempnado:
Mal estaba, sennor, el tu corazon quebrantado!

76. Las piedras maguer duras con su duelo que-
braron,
De los sanctos defuntos muchos resuçitaron,
Algunos connuvieron que fijo de Dios mataron,
Iudios malastrugos en nada nos fincaron.

77. Aun fizo mas la gente descreída,
En el diestro costado diol una grant ferida,
Manó ende sangre e agua, salut de nos e vida,
Por ende sancta Yglesia del muesso fue guarida.

78. Lo que mucho dubdaba en ello so venido,
En el porfazo malo que temía caído,
Veo por las mis culpas mi sennor mal traido,
Veol por mi morir que yo non fuesse perdido.

79. Commo sere sin porfazo mezquino peccador
Quando veo por mi muerto tan grant emperarador?
De çielo et de tierra esti fue Criador,
De los quatro elementos sabio ordenador.

80. En el día primero esti fizo la lumbre,
Puso entre las aguas el otro firmedumbre,
El terçero plegó los mares, hi fizo la undumbre,
Agora veol muerto con toda mansedumbre.

81. Desi al quarto dia por solo su mandado,
De luminarias nuevas el çielo fue poblado,
En el quinto las aves fizo e el pescado,
Agora veol muerto e por el mi peccado.

82. Al sexto fizo omne prinçipal criatura,
Et fizo otras bestias diversas por natura,
Folgó al dia septimo, mas non por cansadura,
Piende en cruz agora et por la mi locura.

83. Los omnes que avia fechos pusolos en su huerto,

Mostrolis toda cosa commo non cadrian en tuerto,
Mal li obedesçieron, saliolis a mal puerto,
Por desfer esa culpa en cruz lo veo muerto.

84. El pueblo fue creçiendo et fue desordenando,
Labró Noe el archa que se fuessen castigando,
En cabo vengosse dellos Noe con siete salvando,
Por mi murió en cabo muchas penas levando.

85. Otras façiendas fizo destas mucho mayores,
Quando non me atrevo a essas, digome destas menores,
Este compuso el archo de diversas colores,
Agora por mi vida suffre grandes dolores.

86. Abraham dió victoria e demostrol creençia,
Sacó los sos de Egipto con muy grant potençia,
A David donó regno, al fijo potençia.
Agora resçibió muerte, e por la mi fallençia.

87. Dió ley a judios, en ella diez mandados,
Los quales serán oy commo creo contados:
Otros decretos ovo a esos acostados,
El actor de todo esto lazra por mis peccados.

88. Mandó creer un Dios en el primer mandado,
Pecado de blasfemia en el otro fue vedado:
El terçero el sabbado mandó que fuese curiado,
Agora por mis peccados veolo cruçificado.

89. Al quarto, los parientes mandó mucho onrrar,
Sobre todo el quinto viedanos él matar:

Al sexto, quita el forniçio, el septimo vieda el furtar,
El que manda todo esto por mi le veo lazrar.

90. Vedar falso testimonio el octavo contiende,
El nono en cubdiçia mala quitar entiende,
El lecho del veçino el deçeno defiende.
Dios por que todo vino, por mi en la cruz piende.

91. Este libró a David del osso e del leon,
Mató al filisteo un soberbio varon,
Por esti fue Judea quita de Babilon,
Desose matar agora por dar a mi perdón.

92. Esti salvó Susana del crimen que sabedes,
Los tres ninnos del fuego, en esto non dubdedes:
Sobre los machaveos fezo grandes merçedes,
Por nos murió agora en cnuz commo veedes.

93. Quanto en todo el mundo podria seer asmado
Lo que saber podemos et lo que es çelado,
Todo por esto fue fecho, fuera sea peccado:
Agora por mis debdos veo a él prendado.

94. En grant verguenza yago mezquino peccador,
Quando veo por mal siervo muerto tan buen sennor
Yo falsé . su mandado, él muere por mi amor,
En grant verguenza yago mezquino peccador.

95. Sennor bien sé que vives maguer muerto te veo:
Maguer muerto, que vives firme-mente lo creo:
Tu mueres que yo viva, en esto firme seo,
La tu resurection yo mucho la deseo.

96. Todas estas mezquindades que te veo sofrir,
A Isayas creo que las oy deçir:
Quando lloró Iheremias esto vedia venir:
Sennor seas loado porque quisiste morir!

97. Si tu nunca morieses vivir yo non podria,
Si tu mal non sofriesses yo de bien non sabria,
Si tu non deçendiesses yo nunqua non subria:
Loado seas Xpo, et tu virgo Maria!

98. Sennor bien lo otorgo lo que tu me façeriste,
Que por mi feçiste tanto que mas fer non debiste,
Sennor merçé te pido de que tanto feçiste,
Que me non aborrescas quando tant me quisiste.

99. Tornemos a la estoria et non la postpongamos,
Sigamos la carrera commo la empezamos.
Adoremos la cruz et en Xpo creamos,
que la resurreçion digna-mente veamos.

100. Joseph pidió el cuerpo et ovolo otorgado,
Mas non el que contigo fue, madre, desposado,
Metiol en un sepulcro que nunca fue usado,
Para si lo fiçiera, mas fue bien empleado.

101. Dos cosas que omne non las podria contar,
Quant grant tesoro siede en tan poco logar,
Et quant grande fue la cuita, madre, del tu pesar,
Non es estas dos cosas qui las podies contar.

102. La virtud desti muerto en vagar non estaba,

Quebrantó los infiernos lo que él cobdiçiaba,
Sacó dende a sus amigos siempre eso buscaba,
En tierra de tristiçia tan grant gozo andaba.

103. Cambiemos la materia, en otro son cantemos,
Oyremos tales nuevas con que nos gozaremos,
Resuçitó don Xpo, mas la hora non sabemos,
Domingo fue de mannana segunt lo que leemos.

104. El dia del domingo dia es consagrado,
De muchos privilegios es privilegiado,
Este solo es del nombre del sennor dirivado,
Sobre todos los otros debe seer honrrado.

105. En domingo sin dubda fue el mundo criado,
El çielo con la tierra tal dia fue formado,
Este fue ante dellos, otro es fecho e alumbrado,
Vaia dormir el sabbado ca ya perdió el fado.

106. Mucho fue el domingo de don Xpo amado,
Ca quiso en domingo seer resuçitado.
Guardemos el domingo commo nos es mandado,
Et siguamos el curso commo es destaiado.

107. Visitó sus amigos, Dios tan grant alegría!
Dos soles, Deo graçias, nasçieron aquel día,
Mal grado aya toda la mala confradia:
Resuçitó don Xpo: Dios, qué grant alegría!

108. Unas buenas mugeres del sepulcro vinieron,
Estas nuevas tan buenas ellas nos las dixieron,
Cataron el sepulcro, la mortaia vidieron,

Saludes espeçiales a Peydro traxieron.

109. A la muger en esto grant graçia li acróvo,
Todo lo a meiorado el tuerto que nos tovo,
En esto con lo al grant privilegio ovo,
Por mugieres al mundo grant alegría crovo.

110. Si por mugier fuemos e por fuste perdidos,
Por muger e por fuste somos ia redemidos;
Por essos mismos grados que fuemos confondidos,
Somos en los solares antígos revestidos.

111. Madre, el tu linage mucho es enalzado,
Si Eva falta fizo, tu lo as adobado,
Bien paresçe que don Xpo fue vuestro abogado,
Por ti es tu linage, sennora desreptado.

112. Alegrate sennora que alegrar te debes,
Ca buenas nuevas corren e nuevo tiempo vedes,
Lo que speresti siempre, sennora, ya vedes,
Alegrate sennora que alegrarte debes.

113. A los sus peccadores grant esfuerzo nos dió,
Quando perdonó a Peydro luego que se rependió,
Mostronos en aquesto quel nunca repovó
A ningun peccador si merçed li pidió.

114. Las guarduas quel sepulcro encomienda ovieron,
Falsaron sin mesura por aber que lis dieron:
Dixieron: nos dormiendo, sus disçipulos vinieron,
Furtaronnos el cuerpo, a i ubre lo pusieron.

115. Qui vio testimonio nunca tan sin color?
Dormiendo quien podria veer el furtador?
Dotorgar nol veyendo debian aver pavor,
Tales testes confusos sean del Criador.

116. Respondan a aquesto si diçen que le furtaron,
La mortaia con elli commo non la levaron?
Dirán, vagar ovieron, por ende la dexaron:
Mienten, que tal vagar ladrones non amaron.

117. Dexemosnos de aquesto, de lo meior digamos,
Resusçitó don Xpo, de firmes lo creamos,
Apareçió a Peydro commo escrípto trovamos,
Resusçitó don Xpo en buena nos levamos.

118. Quando él resusçító todos resusçítamos,
Saliemos de prision, enguedat recobramos;
A la virgo María todos graçias rendamos,
Porque los peccadores tan grant merçet ganamos.

119. Una cosa leemos que non es de olbidar,
Porque en tu fijo debemos bien fiar,
Todos sus adversarios quel buscaron pesar,
En mala fin ovieron en cabo a finar.

120. Herodes el primero que por su mal nasçió
Ya avemos oydo de qual muerte murió;
Judas mala fin fizo, ca tal la mereçio:
Fue de buena ventura qui en él bien creyó.

121. Herodes el segundo del angel fue ferido,
A cabo de pocos dias murió todo podrido:

Por sí se mató Pilato ca era enloquido,
Por tal pasaron todos commo avedes oydo.

122. Los judios en dia de Pascua baraiaron,
Treinta mil hi muieron, entre sí se mataron,
Las remasaias dellos que dende escaparon,
Los principes romanos las desradigaron.

123. Titus, el otro Vespasianus con ellos lid ovieron,
Onçe veçes çien milia judios y murieron,
Su muerte non vos duela, ca bien la meresçieron,
Todos nos lo cobramos el bien que ellos perdieron.

124. El termino cumplido de la resurection
Ante que vinies la hora de la asçensión,
Diez veçes apareçió a la cnazon,
Cuento podemos dar de todos a razon.

125. La sancta Magdalena fue desto emprimada
Ouando ante el sepulcro estaba desarrada,
Paresçio a dos fembras la segunda vegada,
Del sancto monumento quando façian tornada.

126. Do que fue a Sant Peydro pareçió la terçera,
La quarta ad Emaus a los que yban carrera,
La quinta en la casa quando Thomas y non era,
Con Thomas fue la sexta la que nos fue prodera.

127. La septima sobrel mar do los siete pescaban,
En el monte la octava donde todos le speraban,
La nona a los onçe quando a comer estaban,
La deçima quando al çielo subiendo lo miraban.

128. Madre, diez dias en este medio corrieron,
Las nuevas poco a poco por las tierras salieron,
Creyeron la verdat los que seso ovieron,
Doblaron su peccado los que la non creyeron.

129. Fueron los cardenales en la fe confimlados,
Que farian o que non, fueron bien castigados,
Fueron a Sancto Spu una vez aspirados,
Los malos argumentos todos fueron falsados.

130. Todo lo al pasado al quarenteno dia.
Plegó Ihu Xpo toda su compannia,
El amolos commo hermanos, diólis grant valia,
Entendia sobre todos en ti, virgo Maria.

131. A toda criatura mandó que predicasen,
Demostrolis la forma con la qual bapteassen.
Mandó de la çiudat que se non derramassen,
El prometido dono que y lo esperassen.

132. Acomendó al padre su companna cabosa,
Diolis la bendiçion con su mano gloriosa,
Tornóse allá donde vino con su carne preçiosa.
Toda la corte del çielo fue con elli gozosa.

133. Fueron a poca hora dos omnes y venidos.
Angeles de Dios eran, vestian albos vestidos,
Dixieron: en que estades varones entendidos?
Assi verná commo sube, desto seed creydos.

134. Levó muchos cativos por darlis enguedat,

David diçe en su Salmo desta captividat:
Grant merçet nos acróvo e muy grant dignidat,
Siede nuestra natura cabo la magestat.

135. Dubdar podriamos çertas, si debiessemos dubdar
Si nos podria don Xpo maior piadat far:
Buen sennor por mal siervo dexose en crux martar
Despues pusolo consigo et fizolo regnar.

136. Quando fueron aquesto los angeles cantando,
Vidieron sobre sí estar el nuestro vando,
Commo de cosa nueva fueronse espantando,
Desende adelante fueronnos mas dubdando.

137. Sennora bendicta, en buen punto fuiste nada,
Que pariste tal cosa que es tan exaltada,
Disti en hora buena a Mexia posada,
Por ende te diçen todas las gentes bien auzada.

138. La companna de Xpo triste et dessarrada,
Fizo contigo, madre, a la çiudad tomada,
La virtut esperaban que lis fue otorgada,
A qual sennor servieron ovieron tal soldada.

139. Un sermon fizo Peydro commo omne acordado.
Que el logar de Iudas non fincase menguado,
Cobró commo fue ante de David profetado,
Que reçebiesse otro mejor el obispado.

140. En embargo un poco sobre esto sedian,
De dos que se pagaban dubdaban qual tomarían,

Pusieronlo en Dios, mejor fer non podrían,
Que qual él mandasse, ellos essi querrian.

141. Ellos bien lo fiçieron, él bien lo reçibló,
Ellos bien lo rogaron, él bien los oyó,
La suerte commo a él plogo en Mathias cayó,
Alli cumplió cuento onde Iudas salió.

142. El logar nos lo manda, callar non lo podemos,
En la costumbre vieia qual en la ley leemos,
Non vos faga enojo maguera que tardemos,
Ca esto por aquello meior lo entendremos.

143. El cuento septenario es de grant santidad,
Ovo sus meiorias siempre de antiguadat,
Diol por significanza Dios tal auctoridat,
Ca es cuento cumplido de grant entegredat.

144. Quiso por si mismo Dios este cuento sagrar
Quando al dia septimo liplógo del folgar,
Siete veçes al dia se quier de nos loar,
Mandó por siete dias todo el mundo andar.

145. Debdo que debiese omne en la ley fue dado,
Que en el anno septimo non fuesse demandado,
Nin cativo nin siervo seria apremiado,
Pasta que fuesse todo aquel anno pasado.

146. Demas labor ninguna en elli non façian,
Ca quanto abian menester al sexto lo cogian,
En octavo fallençia ninguna non sufrian,
Ca semiente et conducho del sexto lo abian.

147. Acabo de çincuenta vinia maior perdon,
Era todo cativo quito de la presion,
Judea en tal anno salió de Babilon,
En el tiempo de Çiro un loado varon.

148. Los debdos eran sueltos, nunca serian pedidos,
Eran los desterrados a la tierra venidos.
Los enemigos todos y eran acogidos,
Los traspassados tuertos non serian facéridos.

149. Sobre todos los otros era bien aforado,
Era sobre todos los otros deseado,
Era por esti gozo iubileo clamado,
Un tal anno agora seria bien empleado.

150. Solas siete cosas pide la oraçion mayor,
Siete dones a el Spiritu de nuestro sennor:
Por essa reverençia mandó el Criador.
Que fuese el dia septimo tenido en honor.

151. Los fijos de Ysrael quando de Egipto salieron,
Acabo de siete semanas la ley reçebieron,
Pero la su figura nunca la entendieron,
Commo paia en agua adessuso andidieron.

152. Avia derecha-mente tanto tiempo passado,
Desque el campo ovo don Xpo arrancado,
Doncas aquelli era el dia sennalado,
Quando avia el Spiritu a seer embiado.

153. Para el Spiritu Sancto tal cosa convenia,

Por los siete sanctos dones que consigo traya:
Cosa tan con recabdo qui la ordenaria,
Si non tu fijo, madre, por qui todo venía?

154. Estaban los dispiplos en uno allegados,
Commo los avia don Xpo, quando se yba, castigados,
Por resçebir la graçia estaban aparejados,
A ti estaban todos, sennora, acostados.

155. Según que leemos terçia podria seer,
Por la hora debemos la persona creer,
·Oyeron un sonido del çielo desçender,
Vinia el Spiritu Sancto con muy grant poder.

156. La casa do estaban toda fue alumbrada,
La lumbre commo lenguas paresçió derramada;
Fue en cada uno dellos la graçia embiada,
Nunca fue en esti mundo casa meior poblada.

157. Fueron en sapiençia fuerte-mente embebidos,
Fablaban los lenguajes que non avian oydos,
Predicaban la fe a guisa de fardidos:
Non temian amenazas, tanto eran ençendidos.

158. Judea siempre mala por beudos los tenia,
Ca poco li membraba lo que Iohel diçia,
Peydro con sus escriptos contra ella vinia,
Judea contra Peydro contrastar non podia.

159. Gentes de todo el mundo ay eran allegadas,
Façianse destos omnes todas marabilladas,
Fablaban todas lenguas, tenianlas decoradas,

Navaias semeiaban a la hora amoladas.

160. Acróvolis esfuerzo, todo miedo perdieron,
Cada uno por su parte a las tierras salieron,
Nueva ley predicaron, el mundo conquisieron,
Quequiera qui lis vino de grado lo suffrieron.

161. Quanto fue el esfuerzo en Peydro se probaba,
El que por la voz ante de la fembra negaba,
Después delante Nero aosadas fablaba,
Todas sus amenazas un pan non gelas preçiaba.

162. Doçe varones fueron los priviligiados.
Los que apostolos son de Christo clamados;
Mas quatro solos fueron de todos apartados,
Por qui los Evangelios fueron manifestados.

163. Johanes e Matheo fueron los delanteros,
Despues Lochas e Marco vinieron postrimeros,
Todos en corazon ovieron commo leales obreros,
El sennor de la vinna diolís buenos dineros.

164. Matheo empezó en la Encarnaçion,
Pintanlo commo faz domne, por tal entençion,
Luchas a faz de buey, ca diçe de la Pasion,
Commo se fezo tu fijo, sennora, oblacion.

165. Marcho diçe sobre todos de la Resurrection,
Por esa fortaleza rinne commo leon:
Juhan en Trinidat empieza su lection.
Por esso tomó de aguila sotil comparaçion.

166. Acordemosnos todos, sennores e hermanos,
A aquestos varones tendamos nuestras manos,
Roguemoslos que sean nuestros entremeanos,
Que non nos empezcan nuestros fechos livianos.

167. Estos tienen las llaves de abrir e çerrar,
Estos an el poder de solver e ligar,
Menester nos a, sennores, su merçed recadar,
Que non nos desconoscan a la hora de entrar.

168. Toda sancta iglesia aqui ovo comienzo,
Daquende ovo forma e todo ordenamiento,
Mas fue tu fijo, madre, piedra de fundamiento,
Sobre él fue levantado todo el fraguamiento.

169. Otro grant privilegio aven estos varones,
El dia del juicio juzgarán las razones,
Ellos con el tu fijo partirán los gualardones,
Destaiarse an por siempre iamas las petiçiones.

170. Alli vememos todos en complida edat,
Alli verná tu fijo con la su magestat,
Alli verná la cruz e la humanidat,
Alli se partirá por siempre mentira de verdat.

171. Todos buenos e malos alli serán llegados,
Los buenos de los malos bien serán apartados,
Los corazones de cada uno serán manifestados,
Justos e pecadores serán embergonzados.

172. Mostrarnos ha don Xpo todas sus feridas,
Las quales por nos ovo en la cruz resçebidas:

Todas las negligençias y serán façeridas,
Serán las elemosinas de los buenos gradidas.

173. En sobeio porfazo nos somos a veer,
Quando veremos la sangre de las plagas correr,
Veremos las vertudes de los çielos tremer,
Debiamos bien agora aquel dia temer .

174. Debiamos agora bien aquel dia dubdar .
Aguysar nuestras cosas quando avemos vagar,
Confesar los pecados, penitençias tomar,
Del mal nos departiendo en bien perseverar.

175. Combidará los iustos Dios por regnar consigo,
Desechará la paia, levarse a el trigo,
Enviará los malos con el mal enemigo,
De cuya mano curie Dios a todo mi amigo.

176. Yo commo parezré peccador en esse dia,
Que siempre fiçi e dixi vanidat e folia?
De bien nin dixi nin fiçi un dinero valia,
Mezquino peccador, qui faré aquel dia?

177. Oy mal Evangelios, amé siempre locura;
En los viçios carnales entendí sin mesura,
De partirme del mal nunca non ovi cura:
Mezquino commo yré ante la su catadura?

178. Guardé commo desleal la promesa jurada,
La que quando el baptismo resçebi, oví dada,
Siempre meti en punna en la cosa vedada,
Mezquino non ponia mientes en tal çelada.

179. Quando vedia las cosas del mundo floreçer,
E la su vana gloria en él resplandeçer,
Parientes e amigos redor de mi seer,
Non me membró que en esto me avia de veer.

180. Quando era en la iglesia las horas me enojaban,
Los pensamientos vanos de seso me sacaban,
Todas vanidades alli me remembraban,
Mezquino peccador tan mal me engannaban.

181. Quardemosnos de enganno, amigos e sennores,
Ca aquellos porfazos y aquellos pavores,
De]0 que vos oydes muc'ho serán mayores,
Los viçios desti mundo tornarse an en dolores.

182. Una cosa nos debe los corazones quebrantar,
Onde los peccadores se deben espantar,
Los que fueren esse dia iuzgados de lazrar,
Abrán con el diab]o siempre a aturar.

183. El poder del diablo por siempre yazrán,
Muchas serán las penas, nunca cabo abrán,
Siempre iran cresçiendo, nunca descreçerán,
Serán bien venturados los que las fuyrán.

184. Maguera se repiendan non lis abrá provecho,
Abrán de si mesmos yra grande e despecho,
Verán Dios de los maos commo prende derecho,
Segarán tales mieses qual fiçieron el barbecho.

185. Dirán unos a otros: mezquinos que faremos?

Aqui yazremos siempre, nunca de aqui saldremos
Que clamemos merçed oydos non seremos:
Que faremos mezquinos? siempre en muerte vi-
vremos.

186. Respondra el diablo: tardi vos acordastes,
Quando poder aviades esto non lo asmastes,
Yo esto prometia quando mios vos tomastes,
Agora reçebit lo que estonçe ganastes.

187. Amigos, mi entre somos aquí, mientes metamos,
Al mortal enemigo en nada nol creamos,
Çefrenemos la carne, al Criador sirvamos,
Por cuerpos mal aventurados las almas non per-
damos.

188. Ey sopiesemos los bienes que Dios nos tiene
alzados,
entonçe conoçeriamos commo somos enganados:
Non podrian ser dichos nin ser por pensados,
Mas valen que imperios, mas valen que regnados.

189. Qual bien seria tan grande commo la cara suya
veer,
Commo naçe el fijo del padre entender
O commo salle el Spiritu de entre ambos saber,
O commo son un Dios todos tres connosçer?

190. Esta es la verdat e bien se que non miento,
Todos tres son eguales e sin empezamiento,
Una es la natura, non a departimiento,
De la sancta credençia este es el çimiento.

191. Non es nuestro deçir quales son sus riquezas,
Oro nin plata nada non son contra las sus abtezas,
Siempre de sus thesoros de nuevas estrannezas,
Non seria asmado quantas son sus noblezas.

192. Vida da que non fin, e salut perdurable,
Claridad maior de Sol, firme paz e estable,
Ligereza mas de viento, sotileza mirable,
Tal regno de tan buen reyes mucho deseable.

193. Aqui acaba todo que mucho vos digamos,
A Dios nos acomendemos, del diablo fuyamos,
Aqui lo delibremos, aunque alla vayamos,
En consimiento del malo por nada non cayamos.

194. Creamoslo de firmes lo que oydo avemos,
Todo esto es creençia, en dubdar pecaremos:
Si esto non credieremos salvarnos non podremos,
El miedo del judiçio nunca lo olvidemos.

195. En cabo consiment nos ave a prestar,
Ca ningun nuestro buen fecho non nos podrie salvar,
Maguera bien façiendo nos conviene finar,
Ca la merçed del fecho se quiere dirivar.

196. La maior esperanza nos en Dios la tenemos;
Pero en ti, sennora, grant feduza avemos,
Ca todo nuestro esfuerzo nos en ti lo ponemos:
Sennora, tu nos uvia ante que periglemos.

197. Poi ende eres dicha tu estrella de mar,

Por que en tal periglo nos aves a uviar,
Por el tu guyonage avemos arrivar,
Et de aquellas ondas tan fuertes escapar.

198. En la venida, madre, que fiçiemos primera,
Por onde la salut vino, tu nos fuisti carrera:
En la segunda, madre, tu nos sey obrera
Que non seamos presos en la mortal murera.

199. Madre, tu eres dicha fuente de piadat,
Tu fuisti reliquiario pleno de sanctidat,
La tu merced spera toda la christiandat,
Ca por ti commo cree, ganara sa]vedat.

200. Qui en ti entendió, nunca fue engannado;
Quanto en ti metió, bien lo cogió doblado;
Bien lo sabe Teofilo el que fue renegado,
Ca por tu guyonage fue, madre, revocado.

201. Maria la egiptiana peccadora sin mesura
Fue reconçiliada ante la tu figura:
En ti trovó conseio de toda su rencura,
Tu li subreleveste toda su fiadura.

202. Grande es la tu merçed, e la tu potengia,
Preçioso el tu nombre firme tu querençia,
Honrrosse don Ildefonso por la tu atenençia,
Nuçio a Iuliano la tu desavenençia.

203. Destos tales exiemplos e de otros mas granados
Çient mil e otros tantos serían en diezmo echados:
Tantos son que por omne nunca serian contados:

Grant pro nos ave esso contra nuestros peccados!

204. Dulçe es el tu nombre, dulçe toda tu cosa:
Salió quando tu naçiste de la spina rosa:
Tu abriste los misterios commo natural cosa,
A ti reçebió don Xpo para ser su esposa.

205. Ante la tu beltat non an preçio las flores,
Ca tal fue el maestro que echó las colores:
Nobles son las fechuras, las virtudes meiores,
Ondeie laudan tanto los tus entendedores.

206. Toda tu cosa, madre, es tan bien adonada,
Que quien en tu solaz entra una vegada
Siempre toda su cosa es mejor allinada,
Del diablo en cabo el alma emparada.

207. Madre, la tu memoria e la tu mençion
Sabor façe en oreias, dulzor en corazon,
Mucho plaçe al alma quando oye tu sermon,
Puso Dios en ti, madre, complida bendiçion.

208. De todas las bondades fuisti, madre, cumplida,
Fuisti de Sancto Spiritu larga-mente embebida,
Pariste e mamantesti, et non fuisti corrompida;
Porque non crede esto es ludea perdida.

209. En el vidrio podria asmar esta razon,
Commo lo pasa el rayo del Sol sin lesion;
Tu asi engendreste sin nulla corruption,
Commo si te passasses por una vision.

210. El cristal, non es dubda, frio es por natura;
Pero veemos ende salir la calentura:
Pues quando Dios quisiesse non era desmesura
Que tu, seyendo virgo oviesses criatura.

211. Podemos dar a esto otra razon, çertera,
Probar lo que deçimos que es cosa verdadera,
Estrella echa rayo et remanesçe qual era:
Tu engendresti virgo de essa mesma manera.

212. Diga, si non se tiene desto por entregada,
Commo passó don Abacuc la puerta ençerrada?
La flama a los ninnos commo fue tan temprada?
O despruebe, o crea, o diga non sé nada.

213. Quanto de ti deçirnos, todo lo otorgamos:
Madre fuisti e virgo, en esto non dubdamos:
Sennora bendicta, a ti nos aclamamos,
Ca tal entremediana ninguna non trobamos.

214. Ruega a tu fijo, madre, por los tus peccadores,
Fijo lo as e padre, oyrá los clamores:
Madre te a e fija, querrá ter tus sabores:
Defiendenos, sennora, de los malos sudores.

215. La paz e la salut por ti fue reformada,
Toda la vieia sanna por ti fue perdonada;
Acórrinos, sennora, sey nuestra pagada,
Ca yaçe en grant peligro la nuestra cabalgada.

216. Por ti salió el pueblo de la premia mortal,
Por ti fue restaurada la mengua çelestial,

Real es con tus cossas, e tu mesma real,
ande diçe el scripto que non oviste egual.

217. Es otro privilegio, por uso lo sabemos,
A ti Corre la lengua quando cuyta avemos,
Tu ante estás presta que nos te demandemos,
Muchas veçes cadriamos que por ti non caemos.

218. Varones e mugeres por madre te catamos,
Tu nos guya, sennora, commo tus fijos seamos,
Peccadores y justos tu merçed speramos,
Façernos a Dios la suya por ti, commo flarnos.

219. Angeles e archangeles, tronos e seniores.
Apostolos e martires, justos e confesores
Con estolas e manipulos cantan a ti loores,
Los que mas se estudian tienense por meiores.

220. A ti siguen las virgines commo a su madrona,
Glorifican et laudan todas la tu persona:
Reygna coronada de tan noble corona,
A ti façernos abogada, lo nuestro tu lo razona.

221. Razon façe e derecho qui te puede laudar;
Mas nos con grant peccado non lo podemos far:
Emperadriz gloriosa denna a nos catar,
Que podamos tu gloria digna-mente cantar.

222. Et síguennos, sennora, grandes enemistades,
Contra nos es el mundo con sus adversidades,
Ayudale el diablo con muchas falsedades,
Con ellos tiene la carne con falsas voluntades.

223. Entre tantos peligros qui podria guarecer?
Si nos non vales, madre, podemosnos perder:
Reygna de los çielos, piensesnos de acorrer,
En prunada nos tienen, cuydanse nos vender.

224. Non podria fuerza de omne fablar e comedir
De quant grandes donaires te quiso Dios vestir:
Por ti quiso don Xpo su regno conquirir,
Onde angeles eomnes te aven a servir.

225. Tal es la tu materia, sennora, commo el mar,
Todos tus deçidores an y que empozar:
Si deviesse el mundo çien et mil annos a durar
Non podrian lenguas de omnes el diezmo acabar.

226. Sennora e reygna de tal auctoridat,
De los tus peccadores prendate piadat:
De essa tu misericordia des sobre la christiandat,
Ca Dios por el tu ruego façernos a caridat.

227. Acorri a los vivos, ruega por los passados,
Conforta los enfermos, converti los errados,
Conseia los mezquinos, visita los cuytados,
Conserva los pacificos, reforma los yrados.

228. Madre, contien las ordenes, salva las cierçias,
Alarga la credençia, defiende las monçias,
Siempre menester te avemos las noches e los dias,
Ca nuestras voluntades de todo son bien vaçias.

229. Esfuerza a los flacos, defiendi los valientes,

Alivia los andantes, levanta los iaçientes,
Sostien a los estantes, despierta los donnientes,
Ordena en cada uno las mannas convenientes.

230. Madre merçet te pido por mis atenedores,
Ruegote por mis amigos que siempre los meiores,
Resçibi en tu encomienda parientes, e sennores,
En ti nos entregamos todos los pecadores.

231. Por mi que sobre todos pequé, merçed te pido,
Torna sobre mi, madre, non me eches en olvido,
Trayme del peccado do yago embebido,
Preso so en Egipto, los viçios me an vendido.

232. Aun merçed te pido por el tu trobador,
Qui este romançe fizo, fue tu entendedor,
Seas contra tu fijo por elli rogador,
Rocabdali limosna en casa del Criador.

233. Ruega por la paz, madre, e por el temporal,
Acabdanos salut, e curianos de mal,
Guyanos en tal guysa por la vida mortal,
Commo en cabo ayamos el regno çelestial.

Libros a la carta

A la carta es un servicio especializado para
empresas,
librerías,
bibliotecas,
editoriales
y centros de enseñanza;
y permite confeccionar libros que, por su formato y concepción, sirven a los propósitos más específicos de estas instituciones.

Las empresas nos encargan ediciones personalizadas para marketing editorial o para regalos institucionales. Y los interesados solicitan, a título personal, ediciones antiguas, o no disponibles en el mercado; y las acompañan con notas y comentarios críticos.

Las ediciones tienen como apoyo un libro de estilo con todo tipo de referencias sobre los criterios de tratamiento tipográfico aplicados a nuestros libros que puede ser consultado en Linkgua-ediciones.com.

Linkgua edita por encargo diferentes versiones de una misma obra con distintos tratamientos ortotipográficos (actualizaciones de carácter divulgativo de un clásico, o versiones estrictamente fieles a la edición original de referencia).

Este servicio de ediciones a la carta le permitirá, si usted se dedica a la enseñanza, tener una forma de hacer pública su interpretación de un texto y, sobre una versión digitalizada «base», usted podrá introducir interpretaciones del texto fuente. Es un tópico que los profesores denuncien en clase los desmanes de una edición, o vayan comentando errores de interpretación de un texto y esta es una solución útil a esa necesidad del mundo académico.

Asimismo publicamos de manera sistemática, en un mismo catálogo, tesis doctorales y actas de congresos académicos, que son distribuidas a través de nuestra Web.

El servicio de «libros a la carta» funciona de dos formas.

1. Tenemos un fondo de libros digitalizados que usted puede personalizar en tiradas de al menos cinco ejemplares. Estas personalizaciones pueden ser de todo tipo: añadir notas de clase para uso de un grupo de estudiantes, introducir logos corporativos para uso con fines de marketing empresarial, etc. etc.

2. Buscamos libros descatalogados de otras editoriales y los reeditamos en tiradas cortas a petición de un cliente.